AF216525

Impressum
Verlag: BABADADA GmbH, Nedderfeld 112 , 22529 Hamburg
Geschäftsführer / Verlagsleitung: Harald Hof
Druck: Books on Demand GmbH, In de Tarpen 42, 22848 Norderstedt

Imprint
Publisher: BABADADA GmbH, Nedderfeld 112 , 22529 Hamburg, Germany
Managing Director / Publishing direction: Harald Hof
Print: Books on Demand GmbH, In de Tarpen 42, 22848 Norderstedt

skole

學校

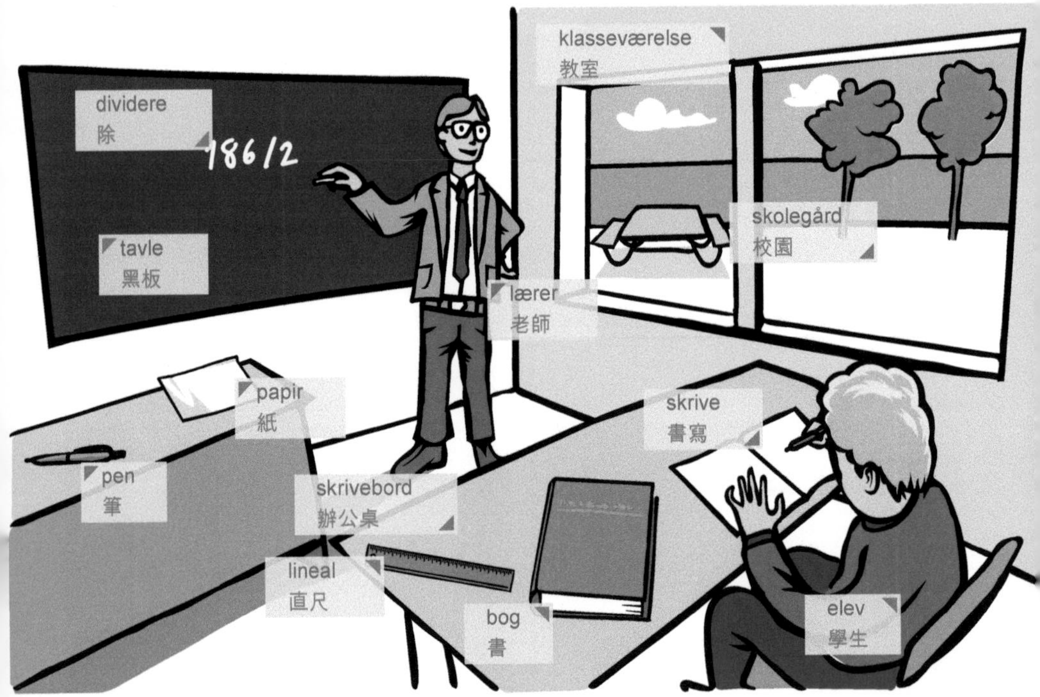

klasseværelse
教室
dividere
除
186/2
tavle
黑板
skolegård
校園
lærer
老師
papir
紙
skrive
書寫
pen
筆
skrivebord
辦公桌
lineal
直尺
bog
書
elev
學生

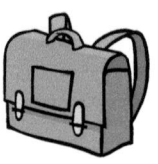

skoletaske
書包

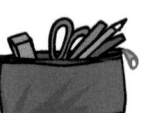

penalhus
鉛筆盒

blyant
鉛筆

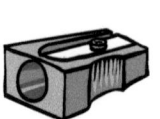

blyantspidser
削鉛筆機

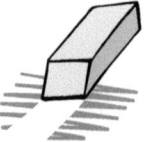

viskelæder
橡皮擦

tegneblok
畫板

tegning

圖畫

pensel

畫筆

æske med vandfarver

顏料盒

saks

剪刀

lim

膠水

opgavehefte

練習冊

lektie

家庭作業

tal

數字

addere

加

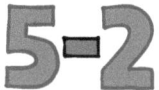

subtrahere

減

multiplicere

乘

regne

計算

bogstav

字母

alfabet

字母表

ord

字

tekst

課文

læse

讀

kridt

粉筆

time

上課

klasseprotokol

登記

eksamen

考試

karakterbog

證書

skoleuniform

校服

uddannelse

教育

leksikon

百科全書

universitet

大學

mikroskop

顯微鏡

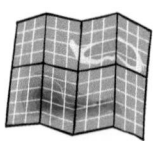

kort

地圖

papirkurv

廢紙簍

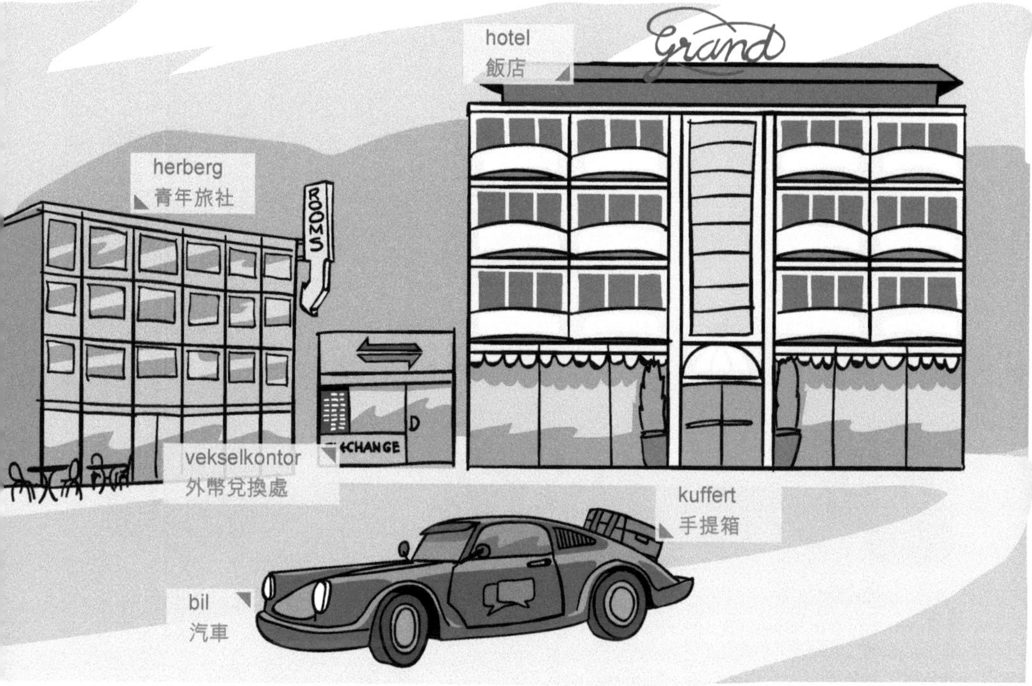

hotel
飯店
Grand
herberg
青年旅社
ROOMS
vekselkontor
外幣兌換處
kuffert
手提箱
bil
汽車

sprog
語言

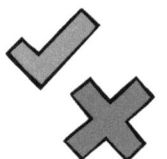

ja / nej
是/否

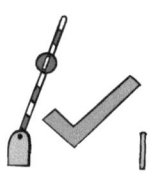

okay
好的

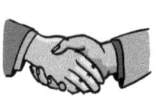

hej
您好

oversætter
翻譯人員

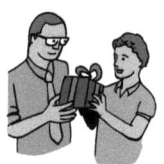

tak
謝謝

hvad koster...?

……多少錢？

Jeg forstår ikke

我不明白

problem

問題

God aften!

晚上好！

God morgen!

早上好！

God nat!

晚安！

farvel

再見

retning

方向

bagage

行李

taske

包

rygsæk

背包

gæst

客人

værelse

房間

sovepose

睡袋

telt

帳篷

turistinformation

旅行資訊

strand

海灘

kreditkort

信用卡

morgenmad

早餐

middagsmad

午餐

aftensmad

晚餐

billet

票

elevator

電梯

frimærke

郵票

grænse

邊界

told

海關

ambassade

大使館

visum

簽證

pas

護照

transport
交通運送

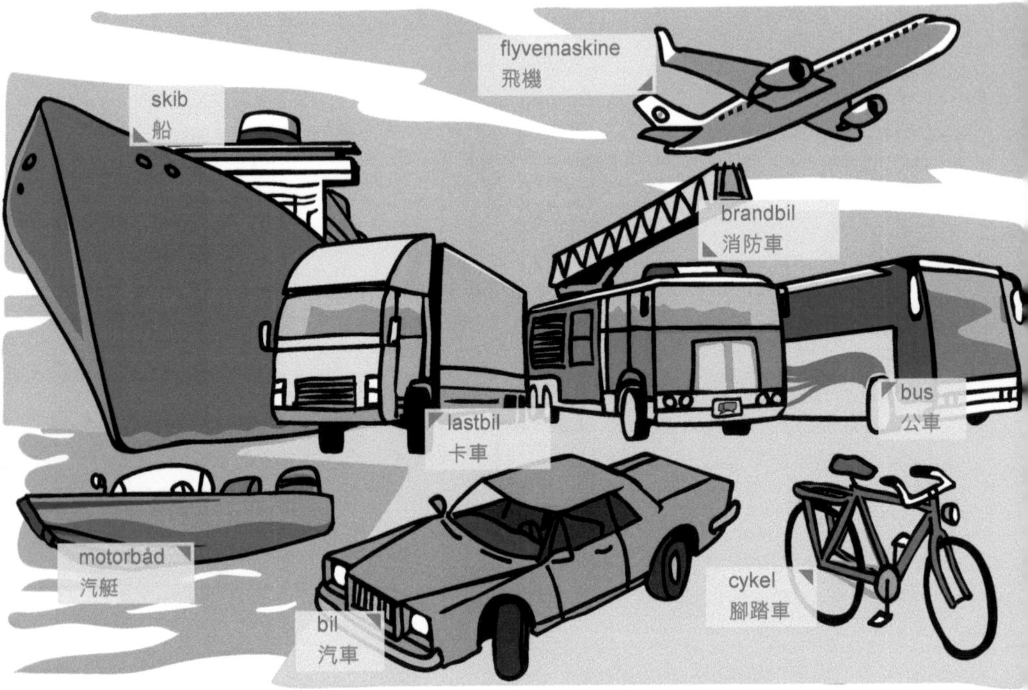

flyvemaskine
飛機
skib
船
brandbil
消防車
bus
公車
lastbil
卡車
motorbåd
汽艇
cykel
腳踏車
bil
汽車

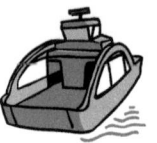

færge

渡輪

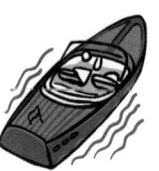

båd

小船

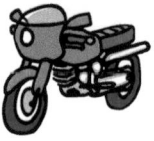

motorcykel

機車

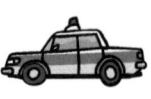

politibil

警車

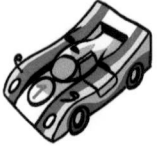

racerbil

賽車

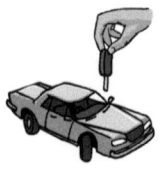

lejebil

租車

samkørsel

拼車

kranbil

拖車

skraldebil

垃圾車

motor

馬達

benzin

汽油

tankstation

加油站

trafikskilt

交通標識

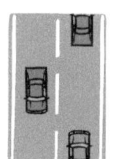

trafik

交通

trafikprop

交通堵塞

parkeringsplads

停車場

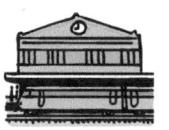

banegård

火車站

skinner

軌道

tog

火車

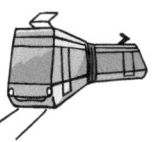

sporvogn

路面電車

wagon

客車廂

helikopter

直升機

lufthavn

機場

tårn

塔

passager

乘客

container

集裝箱

karton

紙板箱

kærre

手推車

kurv

籃子

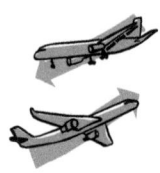

starte / lande

起飛/降落

by

城市

landsby

村莊

bymidte

市中心

hus

房子

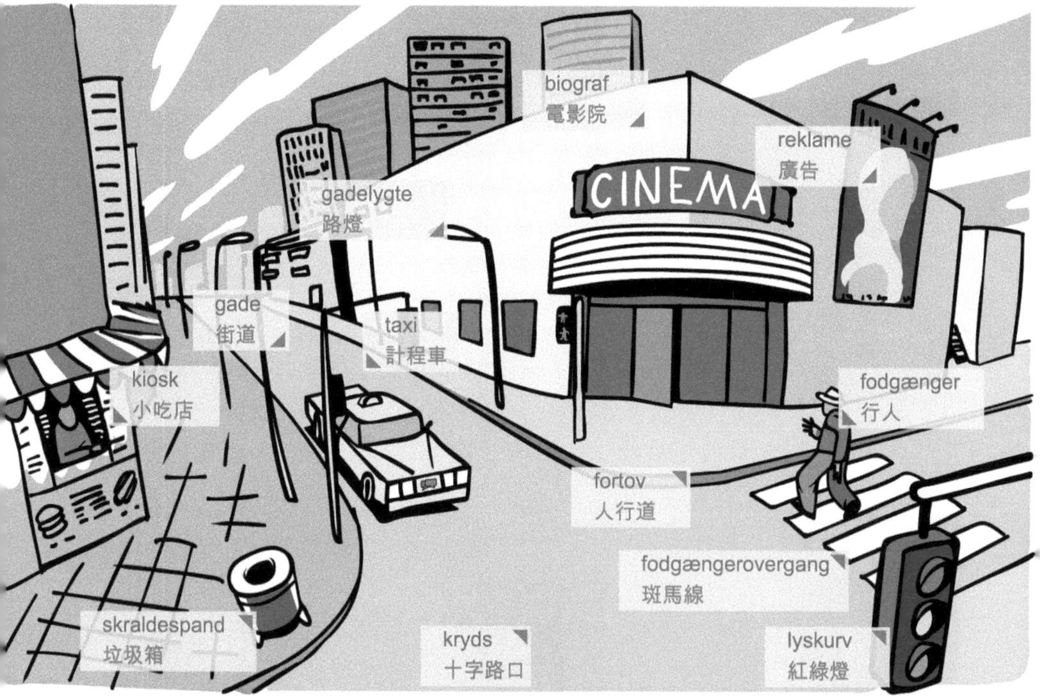

biograf
電影院
reklame
廣告
CINEMA
gadelygte
路燈
gade
街道
taxi
計程車
kiosk
小吃店
fodgænger
行人
fortov
人行道
fodgængerovergang
斑馬線
skraldespand
垃圾箱
kryds
十字路口
lyskurv
紅綠燈

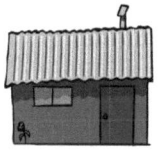

hytte

小屋

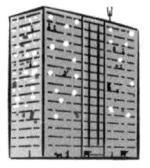

lejlighed

公寓

banegård

火車站

rådhus

市政廳

MUSEUM

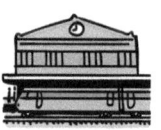

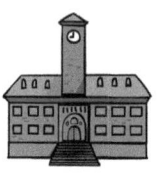

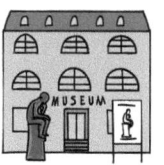

museum

博物館

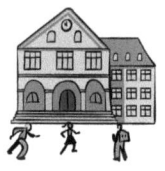

skole

學校

universitet

大學

bank

銀行

sygehus

醫院

hotel

飯店

apotek

藥房

kontor

辦公室

boghandel

書店

butik

商店

blomsterbutik

花店

supermarked

超市

marked

市場

stormagasin

百貨商店

fiskehandler

魚店

butikscenter

購物中心

havn

海港

park

公園

bænk

長凳

bro

橋

trappe

樓梯

undergrundsbane

捷運

tunnel

隧道

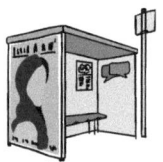

busstoppested

公車站

barnevogn

酒吧

restaurant

餐館

postkasse

郵筒

vejskilt

路標

parkometer

停車計時器

zoo

動物園

badeanstalt

游泳池

moske

清真寺

bondegård

農場

miljøforurening

污染

kirkegård

墓地

kirke

教堂

legeplads

操場

tempel

寺廟

landskab

地形

blad
樹葉

vejviser
指示牌

vej
路

eng
草地

sten
石頭

træ
樹

vandrer
徒步旅行者

flod
河

græs
草

blomst
花

dal

峽谷

bjerg

丘陵

sø

湖

skov

森林

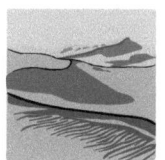

ørken

沙漠

vulkan

火山

slot

城堡

regnbue

彩虹

svamp

蘑菇

palme

棕櫚樹

moskito

蚊子

flue

蒼蠅

myre

螞蟻

bi

蜜蜂

edderkop

蜘蛛

bille
甲蟲

frø
青蛙

egern
松鼠

pindsvin
刺蝟

hare
野兔

ugle
貓頭鷹

fugl
鳥

svane
天鵝

vildsvin
野豬

hjort
鹿

elg
麋鹿

dæmning
水壩

vindmølle
風力發電機

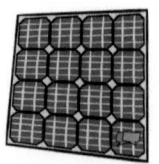

solcellemodul
太陽能電池板

klima
氣候

restaurant
餐館

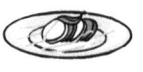

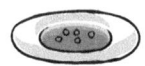

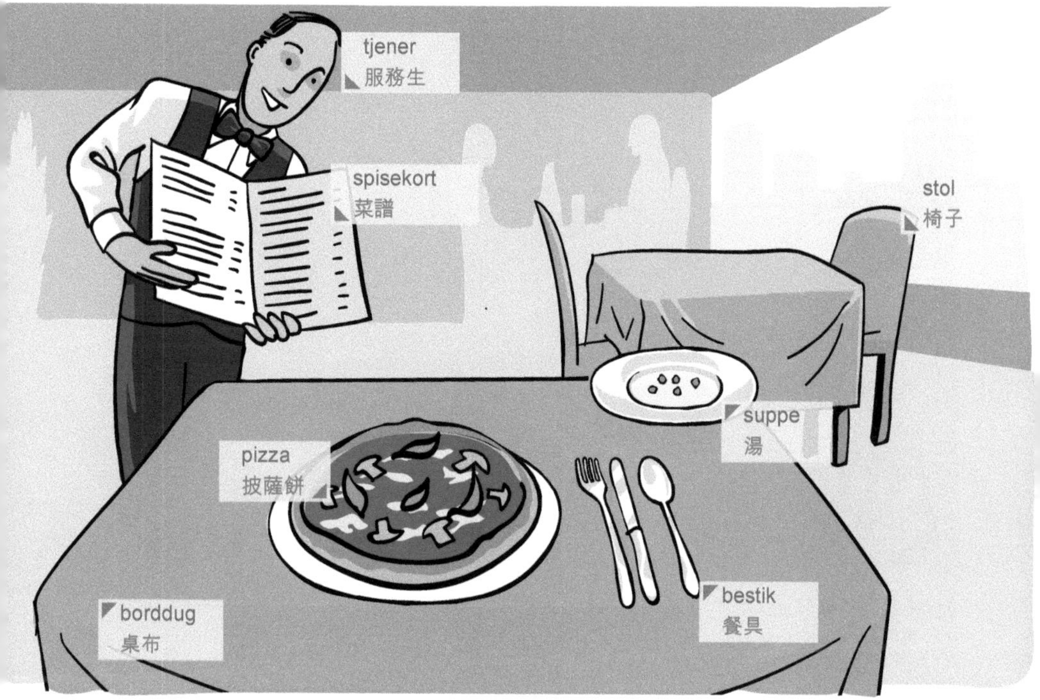

tjener
服務生
spisekort
菜譜
stol
椅子
suppe
湯
pizza
披薩餅
bestik
餐具
borddug
桌布

forret

前菜

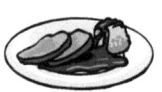

hovedret

主菜

dessert

甜點

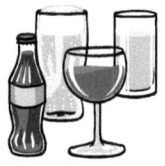

drikkevarer

飲料

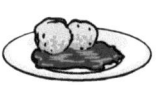

mad

食物

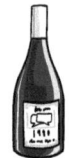

flaske

瓶子

fastfood

速食

streetfood

街邊小吃

tekande

茶壺

sukkerdåse

糖盒

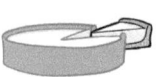

portion

一份飯菜

espressomaskine

義式咖啡機

barnestol

高腳椅

faktura

帳單

tablet

托盤

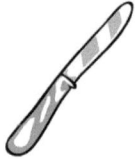

kniv

刀

gaffel

餐叉

ske

勺子

teske

茶匙

serviet

餐巾

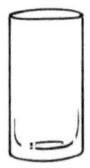

glas

玻璃杯

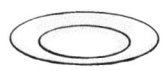

tallerken

碟子

dyb tallerken

湯盤

underkop

碟子

sovs

醬

saltbøsse

鹽瓶

peberkværn

胡椒研磨罐

eddike

醋

olie

食用油

krydderier

調味料

ketchup

番茄醬

sennep

芥末

mayonnaise

美乃滋

supermarked
超市

tilbud
特價
FOR
kunde
顧客
mælkeprodukter
乳製品
frugt
水果
indkøbsvogn
購物車

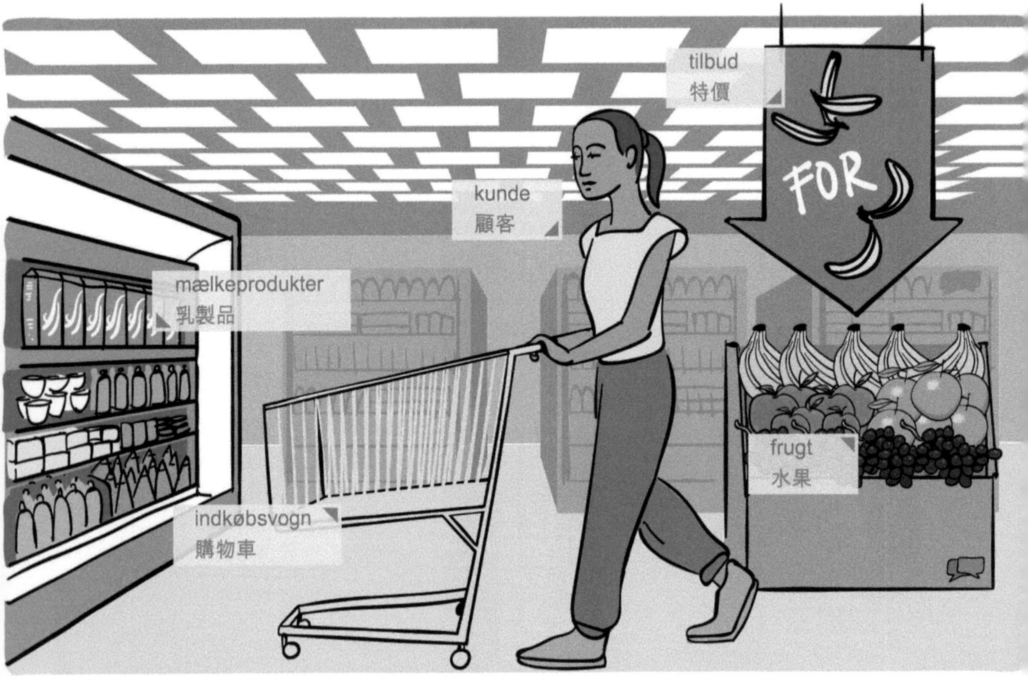

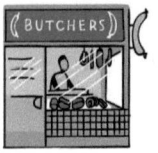

BUTCHERS
slagter
肉鋪

BAKERY
bageri
麵包店

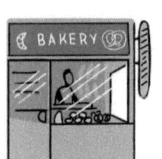

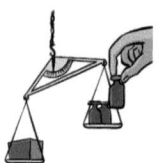

veje
稱重

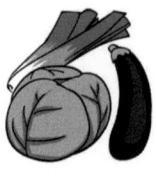

grøntsager
蔬菜

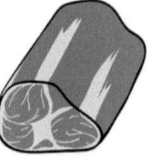

kød
肉

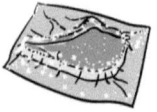

frostvarer
冷凍食品

pålæg

冷盤

konserves

罐頭食品

vaskemiddel

洗衣粉

slik

甜食

husholdningsvarer

日用品

rengøringsmidler

清潔用品

ekspedient

銷售員

kasse

收銀機

kasserer

收銀員

indkøbsliste

購物清單

åbningstider

開放時間

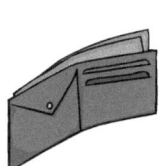

tegnebog

錢包

kreditkort

信用卡

taske

袋子

plasticpose

塑膠袋

vand

水

saft

果汁

mælk

牛奶

cola

可樂

vin

紅酒

øl

啤酒

alkohol

酒

kakao

可可

te

茶

kaffe

咖啡

espresso

義式濃縮咖啡

cappuccino

卡布奇諾

banan

香蕉

æble

蘋果

appelsin

柳丁

melon

西瓜

citron

檸檬

gulerod

胡蘿蔔

hvidløg

大蒜

bambus

竹子

løg

洋蔥

svamp

蘑菇

nødder

堅果

nudler

麵條

spaghetti

義大利麵

ris

米飯

salat

沙拉

pomfritter

薯條

stegte kartofler

炸馬鈴薯

pizza

披薩餅

hamburger

漢堡

sandwich

三明治

schnitzel

炸豬排

skinke

火腿

salami

義大利臘腸

pølse

香腸

kylling

雞肉

steg

烤肉

fisk

魚

havregryn

燕麥片

mysli

木斯里

cornflakes

玉米片

mel

麵粉

croissant

牛角麵包

rundstykke

麵包捲

brød

麵包

toast

吐司

kiks

餅乾

smør

奶油

kvark

凝乳

kage

蛋糕

æg

蛋

spejlæg

煎蛋

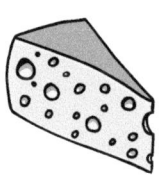

ost

起司

is

冰淇淋

sukker

糖

honning

蜂蜜

marmelade

果醬

nougat-creme

巧克力醬

karry

咖哩

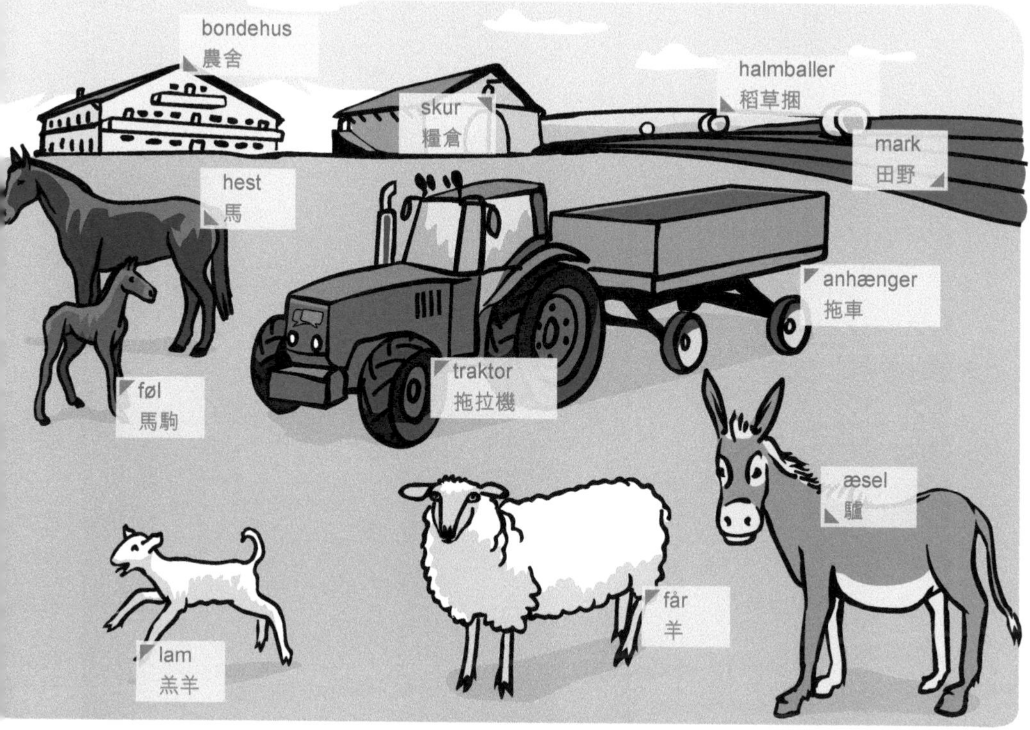

bondehus
農舍

halmballer
稻草捆

skur
糧倉

mark
田野

hest
馬

anhænger
拖車

føl
馬駒

traktor
拖拉機

æsel
驢

lam
羔羊

får
羊

ged
山羊

ko
奶牛

kalv
小牛

svin
豬

gris
小豬

tyr
公牛

gås

鵝

and

鴨

kylling

小雞

høne

母雞

hane

公雞

rotte

鼠

kat

貓

mus

老鼠

okse

牛

hund

狗

hundehus

狗屋

haveslange

花園澆水軟管

vandkande

澆水壺

le

長柄大鐮刀

plov

犁

segl
鐮刀

hakkejern
鋤頭

møggreb
長柄草耙

økse
斧頭

trillebør
獨輪手推車

trug
飼料槽

mælkekande
牛奶罐

sæk
麻布袋

hæk
柵欄

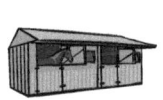

stald
馬廄

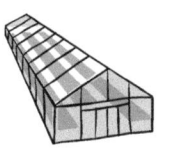

drivhus
溫室

jord
土壤

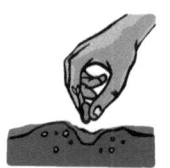

frø
種子

gødning
肥料

mejetærsker
聯合收割機

høste

收割

høst

收割

yams

地瓜

hvede

小麥

soja

大豆

kartoffel

土豆

majs

玉米

raps

油菜籽

frugttræ

果樹

maniok

樹薯

korn

穀物

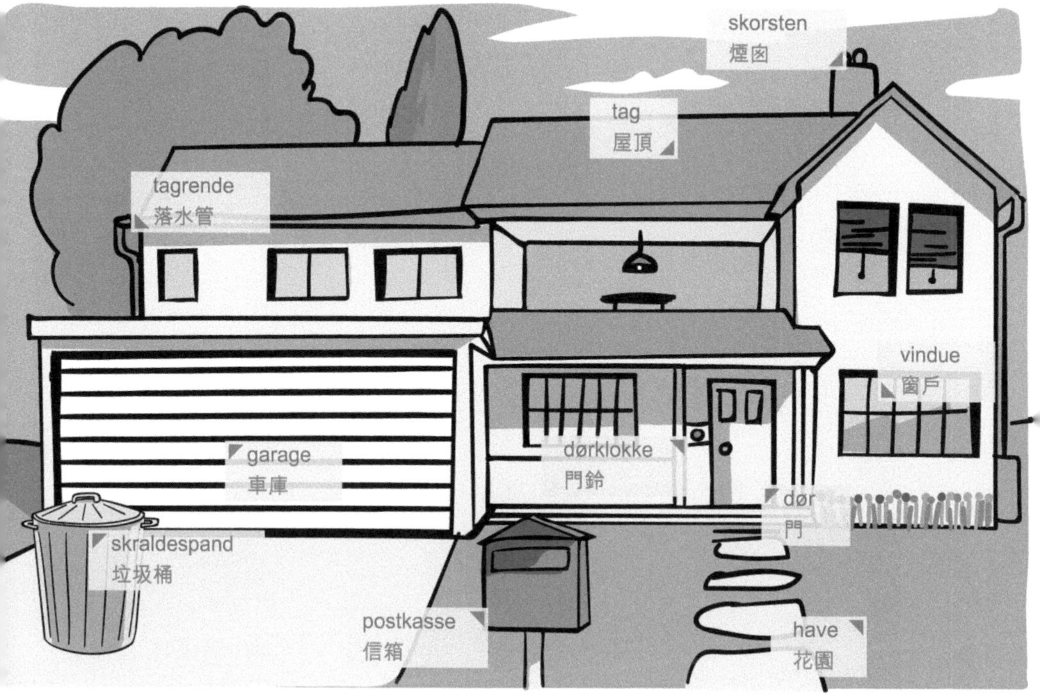

skorsten
煙囪

tag
屋頂

tagrende
落水管

vindue
窗戶

garage
車庫

dørklokke
門鈴

dør
門

skraldespand
垃圾桶

postkasse
信箱

have
花園

stue

客廳

badeværelse

浴室

køkken

廚房

soveværelse

臥室

børneværelse

兒童房

spisestue

餐廳

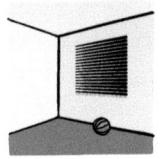

gulv

地板

væg

牆壁

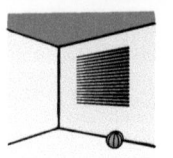

loft

天花板

kælder

地窖

sauna

三溫暖

altan

陽臺

terrasse

露臺

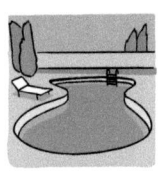

svømmehal

游泳池

plæneklipper

割草機

dynebetræk

被單

dyne

床罩

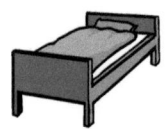

seng

床

kost

掃帚

spand

水桶

kontakt

開關

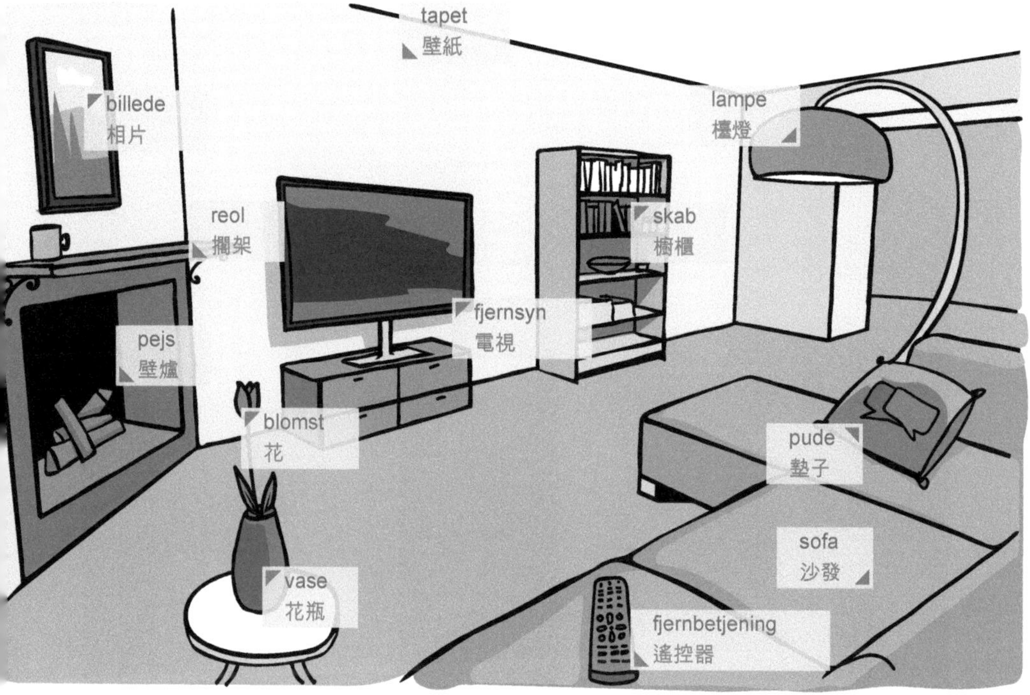

tapet
壁紙

billede
相片

lampe
檯燈

reol
擱架

skab
櫥櫃

fjernsyn
電視

pejs
壁爐

blomst
花

pude
墊子

sofa
沙發

vase
花瓶

fjernbetjening
遙控器

gulvtæppe

地毯

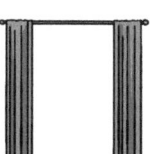

gardin

窗簾

bord

餐桌

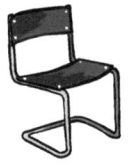

stol

椅子

gyngestol

搖椅

lænestol

扶手椅

bog
書

tæppe
毯子

dekoration
裝飾品

brænde
木柴

film
電影

stereoanlæg
高傳真音響

nøgle
鑰匙

avis
報紙

maleri
油畫

plakat
海報

radio
收音機

notesblok
筆記本

støvsuger
吸塵器

kaktus
仙人掌

lys
蠟燭

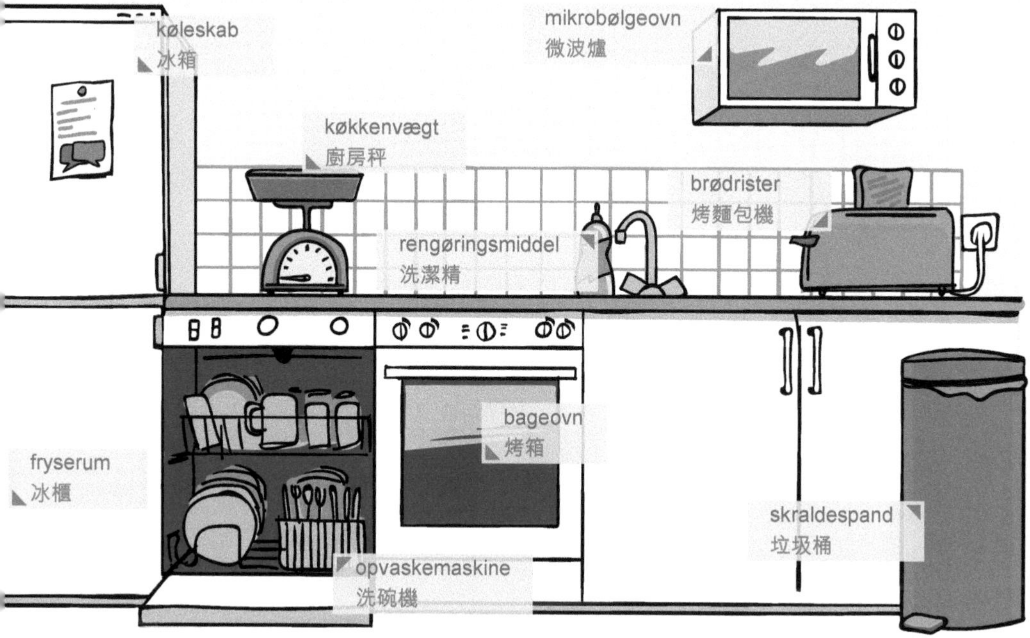

køleskab
冰箱

mikrobølgeovn
微波爐

køkkenvægt
廚房秤

brødrister
烤麵包機

rengøringsmiddel
洗潔精

fryserum
冰櫃

bageovn
烤箱

skraldespand
垃圾桶

opvaskemaskine
洗碗機

komfur

炊具

gryde

鍋

jerngryde

鑄鐵鍋

wok / kadai

炒鍋

pande

平底鍋

elkedel

水壺

dampkoger

蒸鍋

bageplade

烤盤

service

陶瓷鍋

bæger

馬克杯

skål

碗

spisepinde

筷子

øseske

長柄勺

paletkniv

鏟子

piskeris

攪拌器

dørslag

濾網

si

篩子

rive

磨碎機

morter

研缽

grille

燒烤

ildsted

明火

skærebræt

菜板

kagerulle

擀麵杖

proptrækker

開瓶器

dåse

罐子

dåseåbner

開罐器

grydelap

隔熱手套

køkkenvask

水槽

børste

刷子

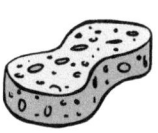

svamp

海綿

blender

攪拌機

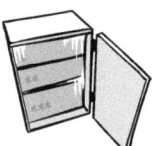

dybfryser

冷藏箱

sutteflaske

奶瓶

vandhane

水龍頭

badeværelse

浴室

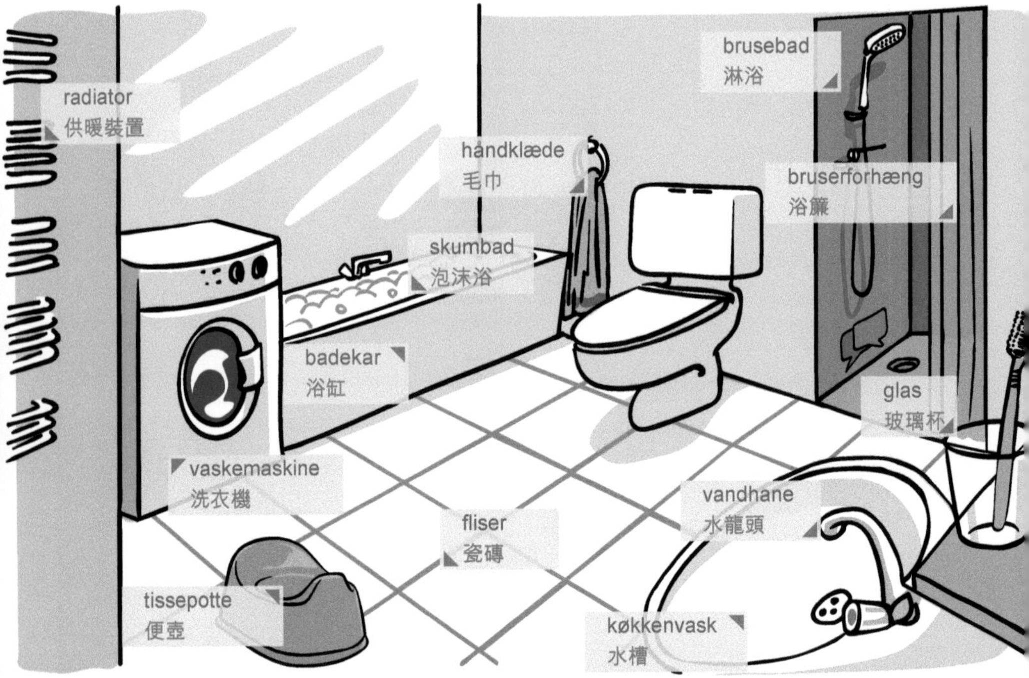
radiator
供暖裝置
håndklæde
毛巾
brusebad
淋浴
bruserforhæng
浴簾
skumbad
泡沫浴
badekar
浴缸
glas
玻璃杯
vaskemaskine
洗衣機
vandhane
水龍頭
fliser
瓷磚
tissepotte
便壺
køkkenvask
水槽

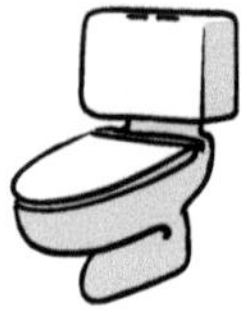

toilet

廁所

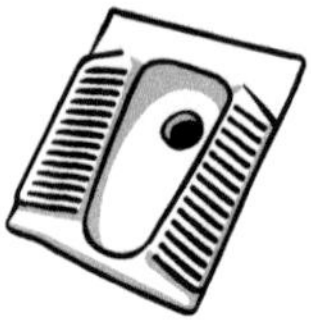

hugsiddende toilet

蹲便器

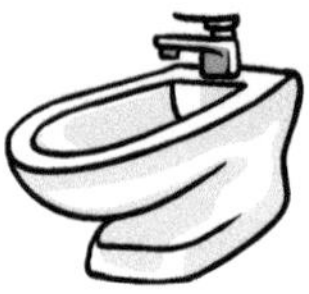

bidet

坐浴器

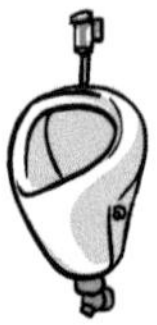

pissoir

小便斗

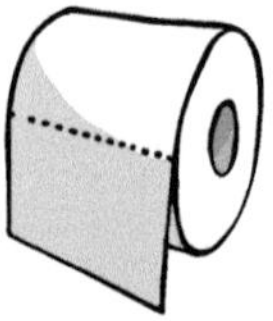

toiletpapir

廁紙

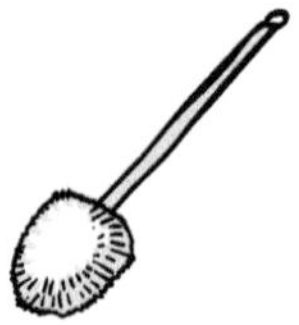

toiletbørste

馬桶刷

tandbørste

牙刷

tandpasta

牙膏

tandtråd

牙線

vaske

洗

håndbruser

手持式蓮蓬頭

intimbruser

沖洗器

vaskefad

洗臉盆

badebørste

洗背刷

sæbe

肥皂

brusegele

沐浴露

shampoo

洗髮乳

vaskeklud

法蘭絨

afløb

排水

creme

乳霜

deodorant

除臭劑

spejl

鏡子

kosmetikspejl

手鏡

barberhøvl

刮鬍刀

barberskum

刮鬍泡沫

barbervand

鬚後水

kam

梳子

børste

刷子

hårtørrer

吹風機

hårspray

噴髮定型劑

makeup

化妝品

læbestift

唇膏

neglelak

指甲油

vat

化妝棉

neglesaks

指甲剪

parfume

香水

toilettaske

洗漱包

skammel

凳子

vægt

計重秤

badekåbe

浴袍

gummihandsker

橡膠手套

tampon

衛生棉條

damebind

衛生棉

kemisk toilet

化學廁所

børneværelse
兒童房

vækkeur
鬧鐘
bamse
毛絨玩具
legetøjsbil
玩具車
skralde
撥浪鼓
dukkehus
玩具屋
gave
禮物

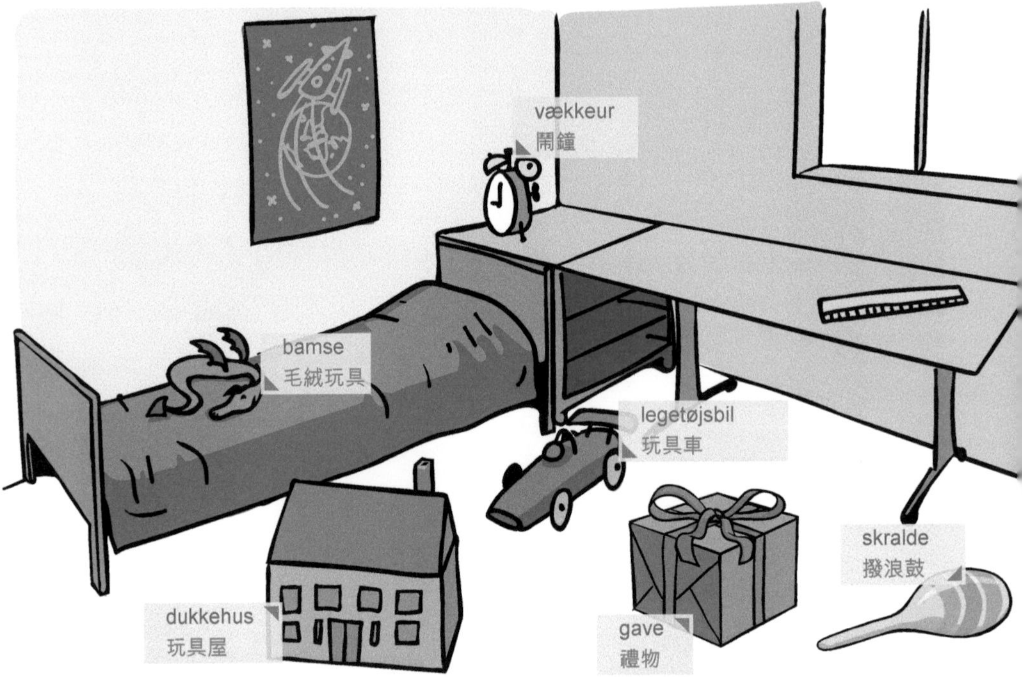

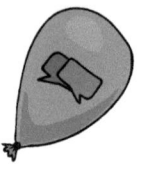

ballon
氣球

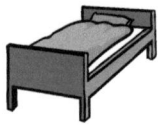

seng
床

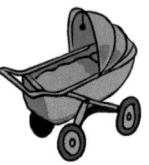

barnevogn
嬰兒車

kortspil
撲克牌

puslespil
拼圖

SUPER
MEGA
tegneserie
漫畫

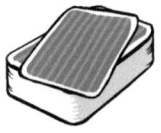

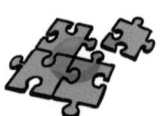

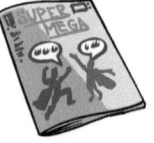

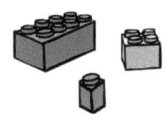

legoklodser

樂高積木

byggeklodser

積木玩具

action figur

公仔

sparkedragt

嬰兒服

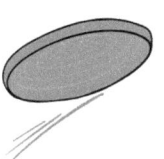

frisbee

飛盤

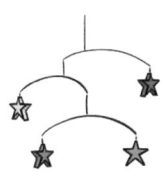

uro

床鈴玩具

brætspil

棋盤遊戲

terning

骰子

modeljernbane

火車模型

sut

安撫奶嘴

fest

派對

billedbog

繪本

bold

球

dukke

洋娃娃

lege

玩

sandkasse

沙坑

gynge

鞦韆

legetøj

玩具

spillekonsol

電玩遊戲

trehjulet cykel

三輪車

bamse

泰迪熊

klædeskab

衣櫃

tøj

衣服

sokker

襪子

strømper

長襪

strømpebukser

緊身褲

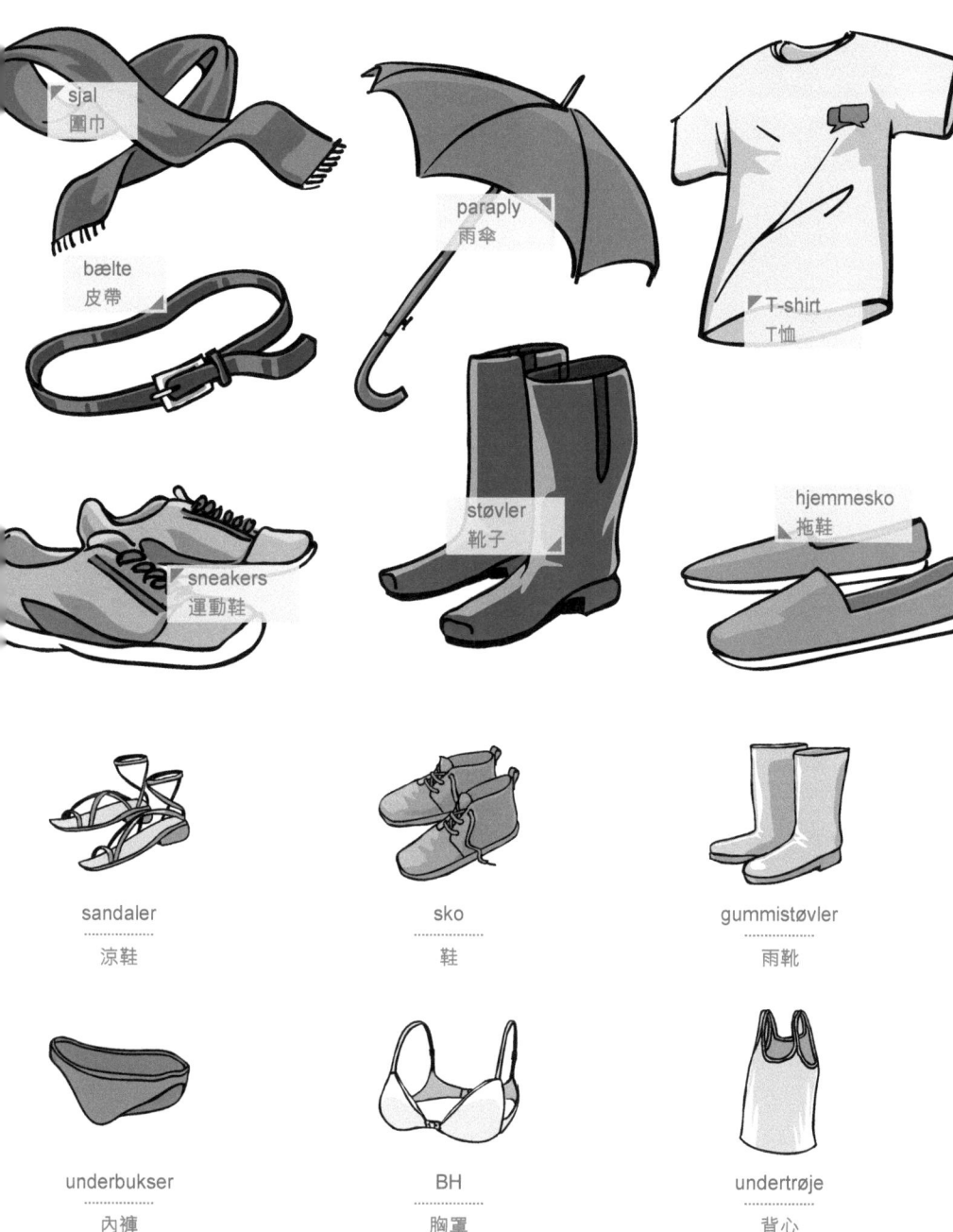

sjal
圍巾

paraply
雨傘

bælte
皮帶

T-shirt
T恤

sneakers
運動鞋

støvler
靴子

hjemmesko
拖鞋

sandaler

涼鞋

sko

鞋

gummistøvler

雨靴

underbukser

內褲

BH

胸罩

undertrøje

背心

body

身體

bukser

褲子

jeans

牛仔褲

nederdel

短裙

bluse

女式襯衫

skjorte

襯衫

pullover

套頭衫

sweatshirt

連帽上衣

blazer

西裝夾克

jakke

夾克

frakke

外套

regnfrakke

雨衣

kostume

套裝

kjole

連衣裙

brudekjole

婚紗

jakkesæt

西裝

nattrøje

睡袍

pyjamas

睡衣

sari

莎麗

hovedtørklæde

頭巾

turban

包頭巾

burka

波卡

kaftan

卡夫坦

abaya

(阿拉伯式)長袍

badedragt

泳衣

badebukser

男式泳褲

korte bukser

短褲

træningsdragt

運動服

forklæde

圍裙

handsker

手套

knap

鈕扣

briller

眼鏡

armbånd

手鏈

kæde

項鍊

ring

戒指

ørering

耳環

hue

便帽

bøjle

衣架

hat

帽子

slips

領帶

lynlås

拉鍊

hjelm

安全帽

seler

背帶

skoleuniform

校服

uniform

制服

hagesmæk
圍兜

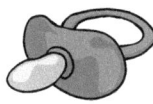

sut
安撫奶嘴

ble
尿布

kontor
辦公室

server
伺服器

arkivskab
檔案櫃

printer
印表機

papir
紙

skærm
螢幕

skrivebord
辦公桌

mus
滑鼠

mappe
資料夾

tastatur
鍵盤

papirkurv
廢紙簍

stol
椅子

computer
電腦

kaffekrus
咖啡杯

lommeregner
計算機

internet
網際網路

bærbar

筆記型電腦

brev

信件

besked

簡訊

mobil

行動電話

netværk

網路

kopimaskine

影印機

software

軟體

telefon

電話

stikdåse

插座

fax

傳真機

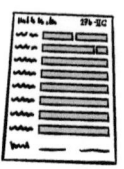

formular

表格

dokument

檔案

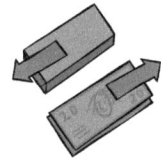

købe
買

betale
付錢

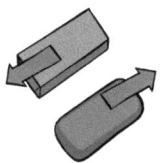

handle
交易

penge
現金

dollar
美元

euro
歐元

yen
日元

rubel
盧布

schweizerfranc
瑞士法郎

renminbi yuan
人民幣

rupee
盧比

hæveautomat
提款處

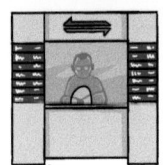

vekselkontor

外幣兌換處

guld

金

sølv

銀

olie

石油

energi

能源

pris

價格

kontrakt

合約

skat

稅金

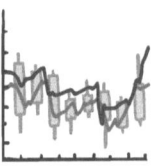

aktie

股票

arbejde

工作

ansat

職員

arbejdsgiver

老闆

fabrik

工廠

butik

商店

erhverv
職業

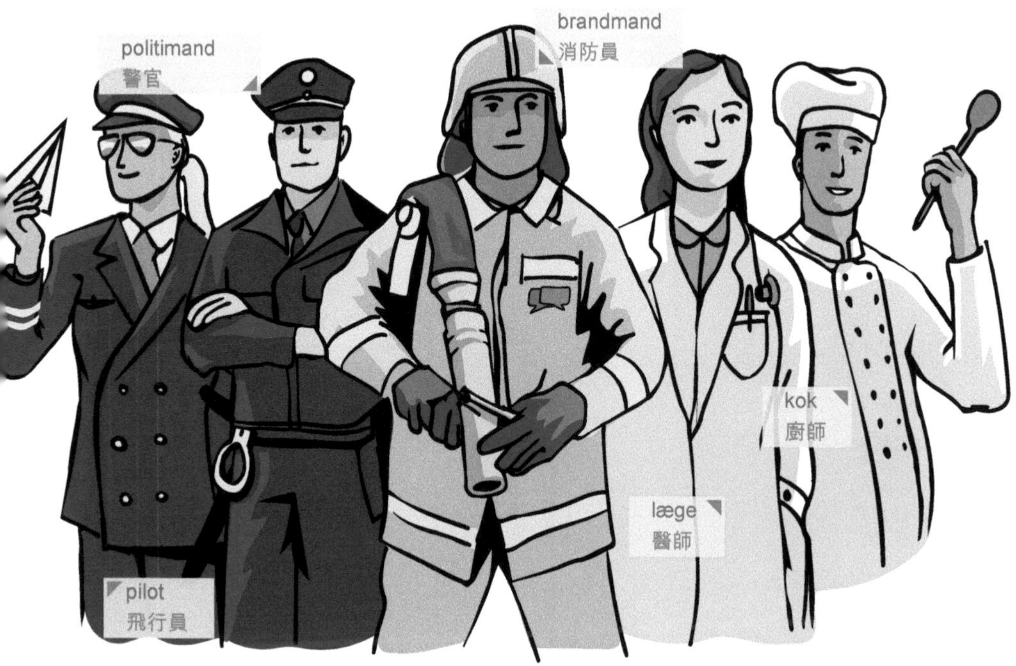

politimand
警官
brandmand
消防員
kok
廚師
læge
醫師
pilot
飛行員

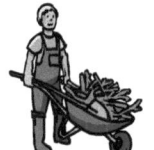

gartner
園丁

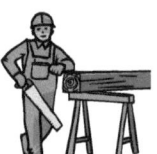

tømrer
木匠

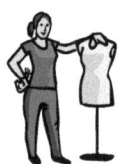

syerske
裁縫

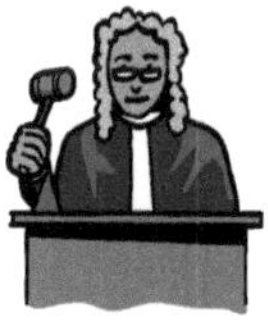

dommer
法官

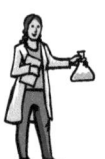

kemiker
化學家

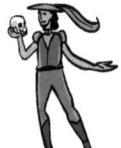

skuespiller
演員

buschauffør

公車司機

taxachauffør

計程車司機

fisker

漁夫

rengøringskone

清洗女工

tagdækker

屋頂工

tjener

服務生

jæger

獵人

maler

畫家

bager

麵包師

elektriker

電工

bygningsarbejder

建築工人

ingeniør

工程師

slagter

屠夫

vvs-mand

水管工

postbud

郵差

soldat

士兵

arkitekt

建築師

kasserer

收銀員

blomsterhandler

花農

frisør

理髮師

togfører

售票員

mekaniker

機械技師

kaptajn

船長

tandlæge

牙醫

videnskabsmand

科學家

rabbiner

拉比

imam

伊瑪目

munk

和尚

præst

牧師

værktøj

工具

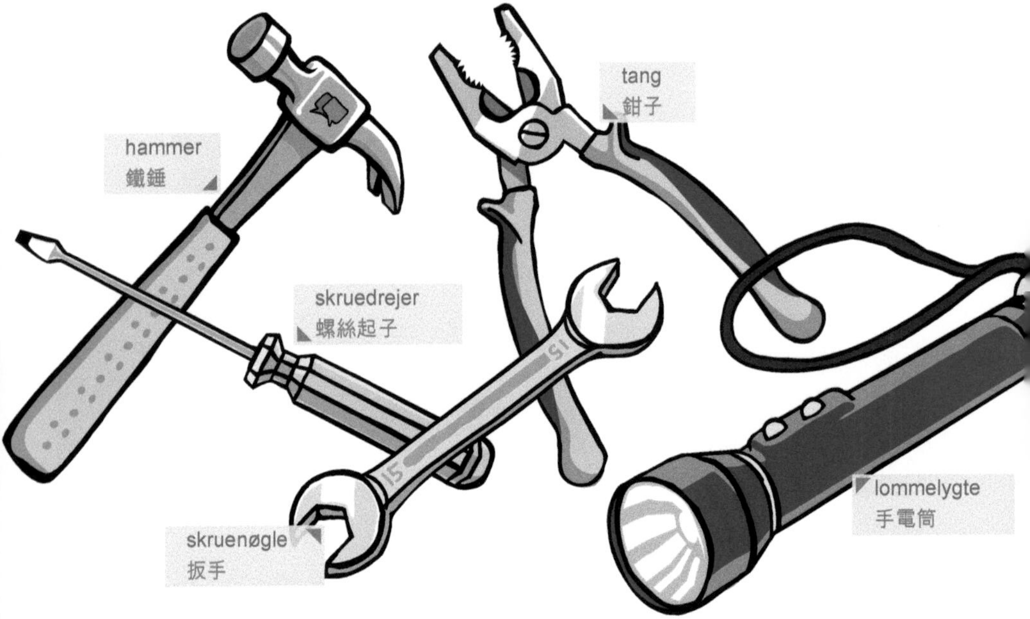

hammer
鐵錘
tang
鉗子
skruedrejer
螺絲起子
skruenøgle
扳手
lommelygte
手電筒

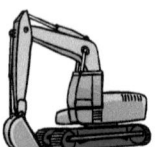

gravemaskine

挖掘機

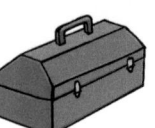

værktøjskasse

工具箱

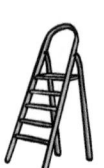

stige

梯子

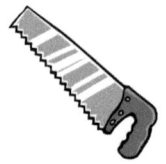

sav

鋸子

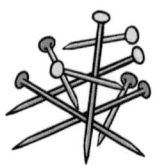

søm

釘子

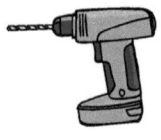

bor

鑽機

reparere

修

skovl

鏟子

Lort!

糟糕！

fejebakke

畚箕

malerspand

油漆桶

skruer

螺絲

musikinstrumenter
樂器

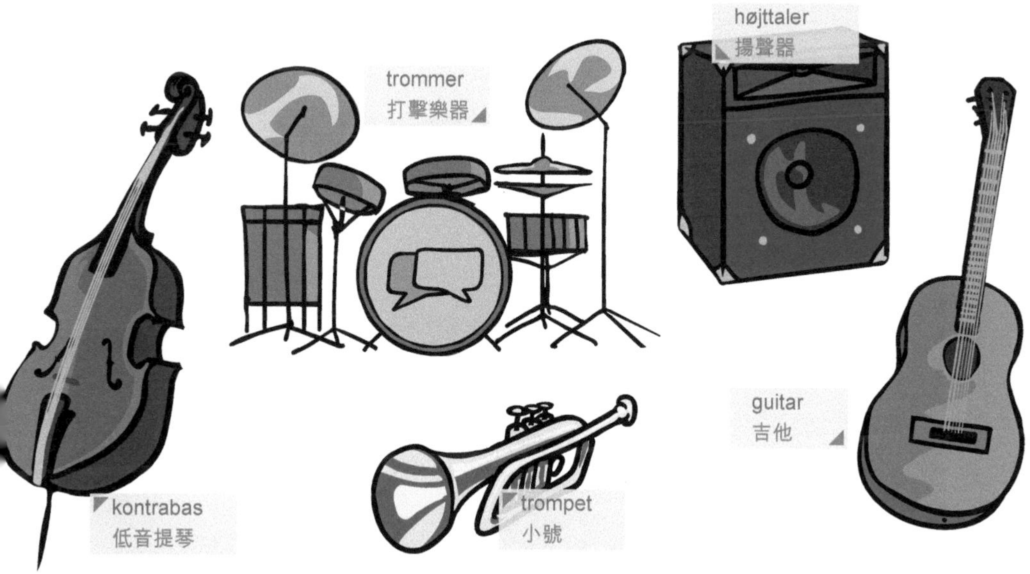

trommer
打擊樂器

højttaler
揚聲器

guitar
吉他

kontrabas
低音提琴

trompet
小號

klaver

鋼琴

violin

小提琴

bas

貝斯

pauke

定音鼓

tromme

鼓

keyboard

電子琴

saxofon

薩克斯風

fløjte

長笛

mikrofon

麥克風

ZOO
動物園

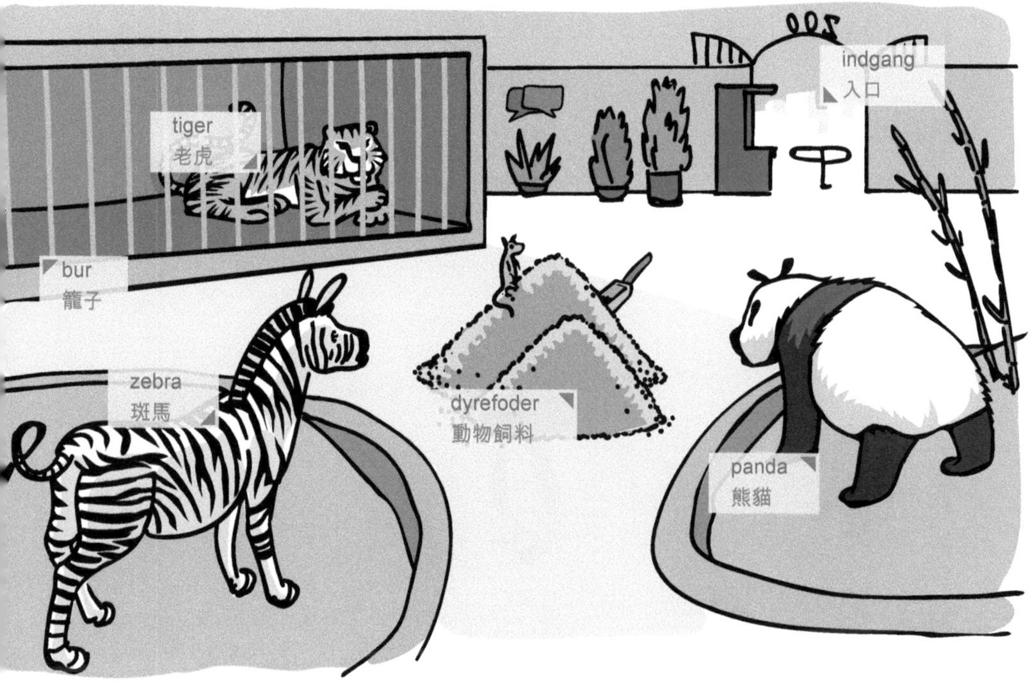
indgang
入口
tiger
老虎
bur
籠子
zebra
斑馬
dyrefoder
動物飼料
panda
熊貓

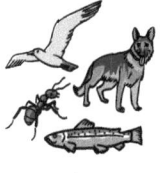

dyr

動物

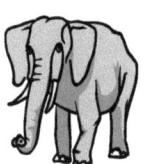

elefant

大象

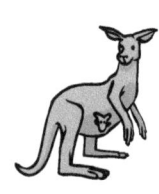

kænguru

袋鼠

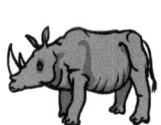

næsehorn

犀牛

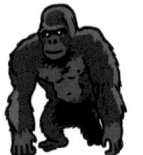

gorilla

大猩猩

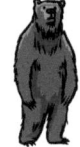

bjørn

熊

kamel

駱駝

struds

鴕鳥

løve

獅子

abe

猴子

flamingo

紅鶴

papegøje

鸚鵡

isbjørn

北極熊

pingvin

企鵝

haj

鯊魚

påfugl

孔雀

slange

蛇

krokodille

鱷魚

dyrepasser

動物園管理員

sæl

海豹

jaguar

美洲豹

pony

矮種馬

leopard

豹

flodhest

河馬

giraf

長頸鹿

ørn

老鷹

vildsvin

野豬

fisk

魚

skildpadde

龜

hvalros

海象

ræv

狐狸

gazelle

羚羊

amerikansk football
橄欖球

cykling
騎腳踏車

tennis
網球

basketball
籃球

svømning
游泳

boksning
拳擊

ishockey
冰球

fodbold
美式足球

badminton
羽毛球

atletik
田徑

håndbold
手球

skiløb
滑雪

polo
馬球

springe
跳

grine
笑

give et knus
擁抱

gå
走路

synge
唱

drømme
做夢

bede
祈禱

kysse
親吻

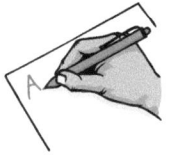

skrive
書寫

tegne
畫

vise
展示

skubbe
推

give
給

tage
拿

have

有

gøre

做

være

當

stå

站

løbe

跑

trække

拉

kaste

丟

falde

摔倒

ligge

躺

vente

等待

bære

攜帶

sidde

坐

tage på

穿衣

sove

睡覺

vågne

醒來

se på

看

græde

哭

ae

擊

kæmme

梳頭

tale

交談

forstå

明白

spørge

問

høre

聽

drikke

喝

spise

吃

rydde op

清理

elske

愛

koge

做飯

køre

開車

flyve

飛

sejle

航行

regne

計算

læse

讀

lære

學習

arbejde

工作

gifte sig med

結婚

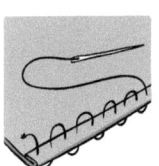

sy

縫

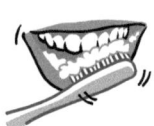

børste tænder

刷牙

dræbe

殺

ryge

抽菸

sende

寄

familie
家

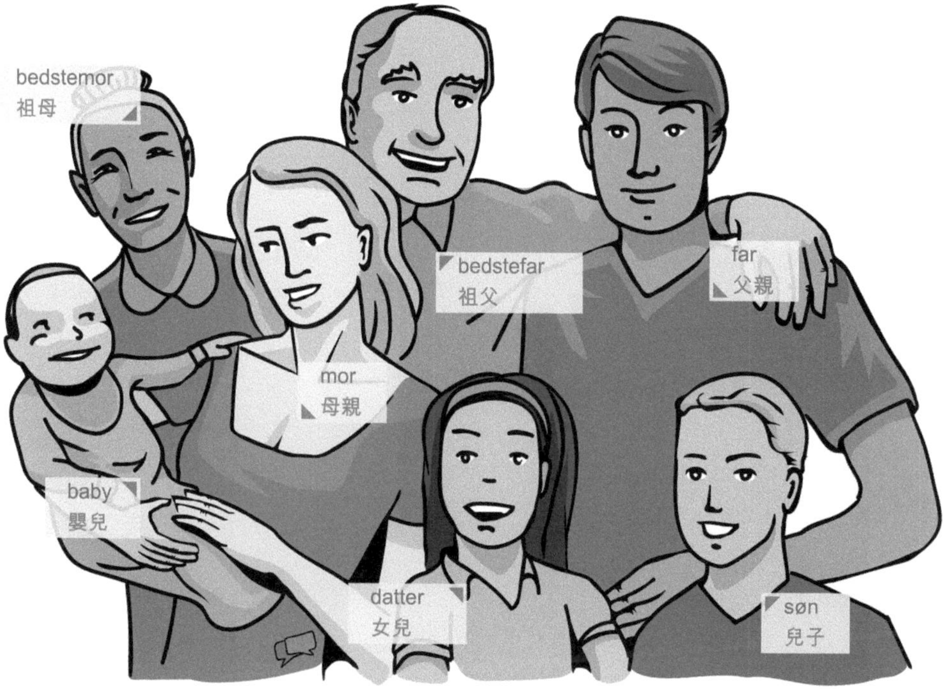
bedstemor
祖母
bedstefar
祖父
far
父親
mor
母親
baby
嬰兒
datter
女兒
søn
兒子

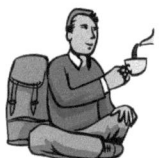

gæst
客人

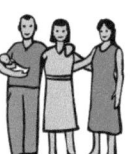

tante
阿姨

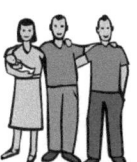

onkel
叔叔

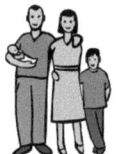

bror
兄弟

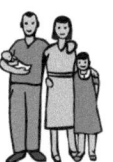

søster
姐妹

krop

身體

pande
前額
øje
眼睛
skulder
肩膀
finger
手指
ansigt
臉
hage
下巴
hånd
手
ben
腿
bryst
乳房
arm
手臂

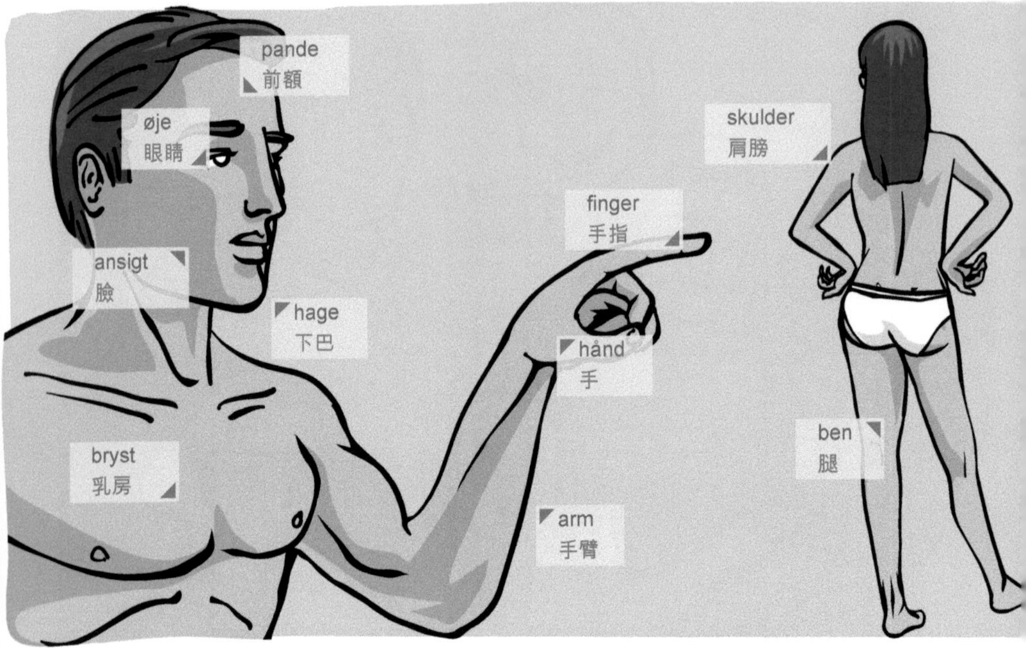

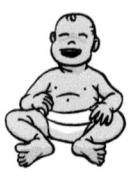

baby
嬰兒

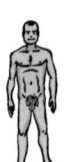

mand
男人

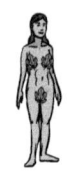

kvinde
女人

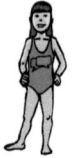

pige
女孩

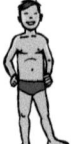

dreng
男孩

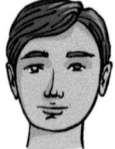

hoved
頭

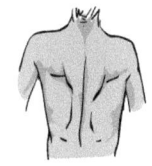

ryg

背部

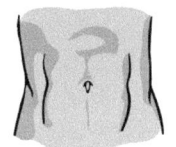

mave

肚子

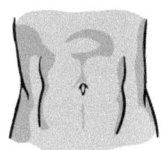

navle

肚臍

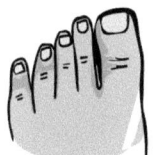

tå

腳趾

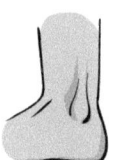

hæl

腳後跟

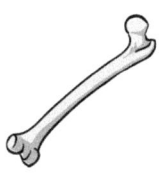

knogle

骨頭

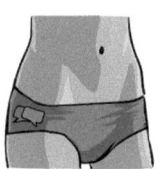

hofte

臀部

knæ

膝蓋

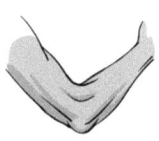

albue

手肘

næse

鼻子

bagdel

屁股

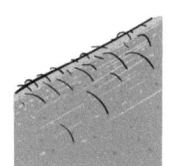

hud

皮膚

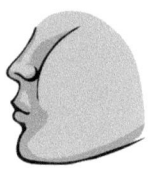

kind

臉頰

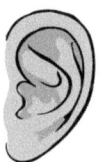

øre

耳朵

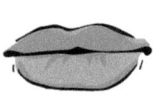

læbe

嘴唇

krop - 身體

mund

嘴

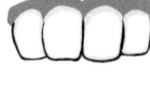

tand

牙齒

tunge

舌頭

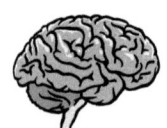

hjerne

腦

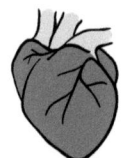

hjerte

心臟

muskel

肌肉

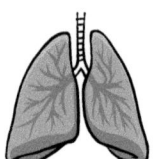

lunge

肺

lever

肝臟

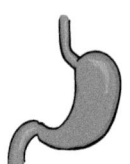

mavesæk

胃

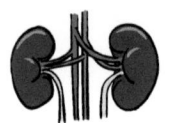

nyrer

腎臟

sex

性交

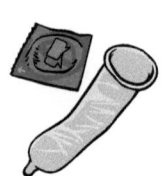

kondom

保險套

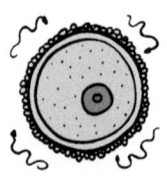

ægcelle

卵子

sperm

精子

svangerskab

懷孕

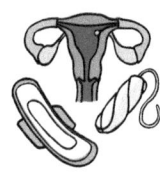

menstruation

月事

vagina

陰道

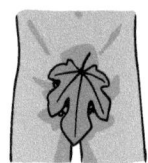

penis

陰莖

øjenbryn

眉毛

hår

頭髮

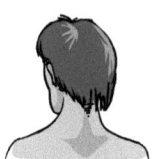

hals

脖子

sygehus
醫院

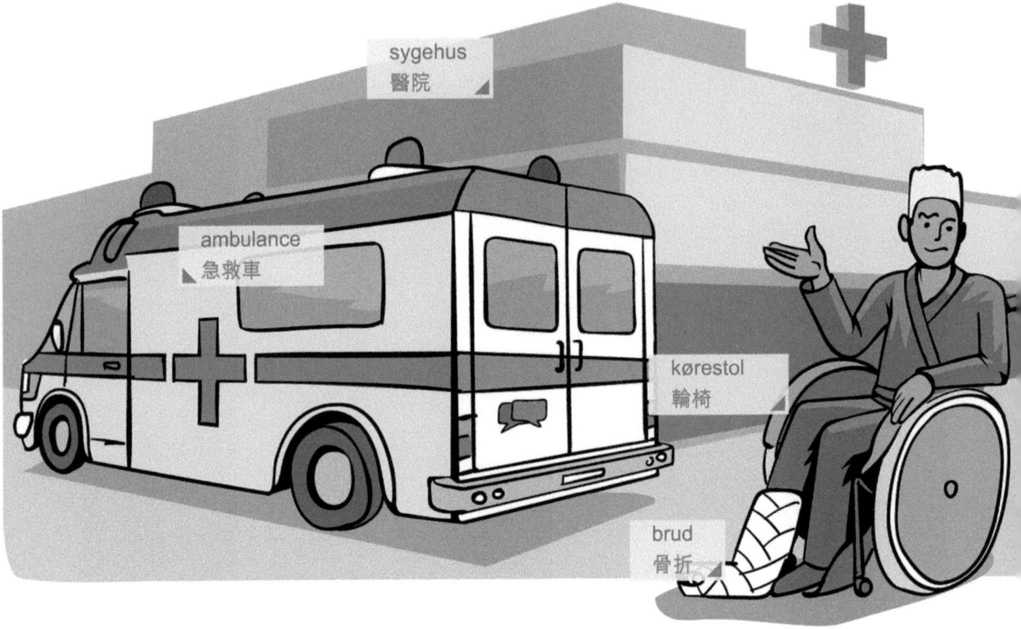

sygehus
醫院
ambulance
急救車
kørestol
輪椅
brud
骨折

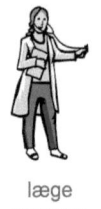

læge
醫師

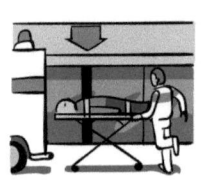

akutmodtagelse
急診室

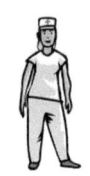

sygeplejerske
護理師

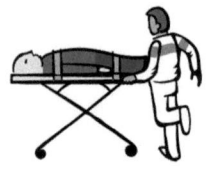

nødstilfælde
緊急情形

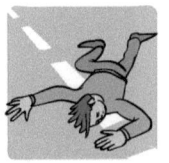

bevidstløs
昏迷

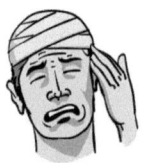

smerte
痛

skade

受傷

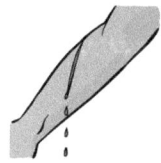

blødning

出血

hjerteinfarkt

心臟病發作

slagtilfælde

中風

allergi

過敏

hoste

咳嗽

feber

發燒

influenza

流感

diarré

腹瀉

hovedpine

頭痛

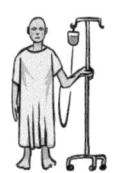

kræft

癌症

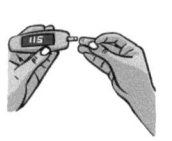

diabetes

糖尿病

kirurg

外科醫師

skalpel

手術刀

operation

手術

sygehus - 醫院

CT
電腦斷層掃描

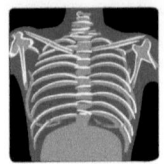

røntgen
X光

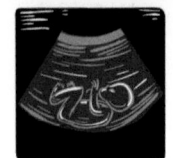

ultralyd
超音波

maske
口罩

sygdom
疾病

venteværelse
候診室

krykke
拐杖

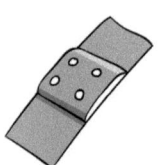

plaster
石膏

forbinding
繃帶

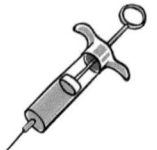

injektion
注射

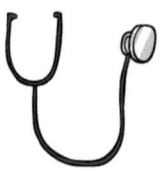

stetoskop
聽診器

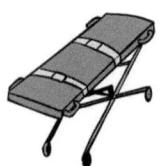

båre
擔架

termometer
體溫計

fødsel
出生

overvægt
超重

høreapparat

助聽器

desinficerende middel

消毒液

infektion

感染

virus

病毒

HIV / AIDS

愛滋病

medicin

藥物

vaccination

接種疫苗

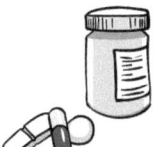

tabletter

藥片

pille

藥丸

nødopkald

急救電話

blodtryksmåler

血壓計

syg / rask

生病/健康

Hjælp!
救命！

alarm
警報

overfald
突擊

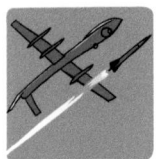

angreb
攻擊

fare
危險

nødudgang
緊急出口

Det brænder!
失火了！

ildslukker
滅火器

uheld
意外

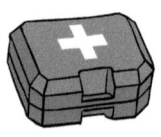

førstehjælps-kuffert
急救箱

SOS
呼救訊號

politi
員警

Europa

歐洲

Nordamerika

北美洲

Sydamerika

南美洲

Afrika

非洲

Asien

亞洲

Australien

澳洲

Atlanterhavet

大西洋

Stillehavet

太平洋

Indiske Ocean

印度洋

Sydlige Ishav

南冰洋

Ishav

北冰洋

Nordpol

北極

Sydpol

南極

Antarktis

南極洲

Jorden

地球

land

陸地

hav

海

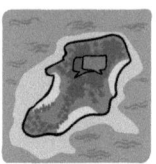

ø

島

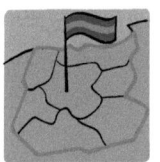

nation

國家

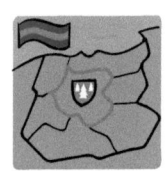

stat

州

urskive

錶盤

timeviser

時針

minutviser

分針

sekundviser

秒針

Hvad er klokken?

現在幾點？

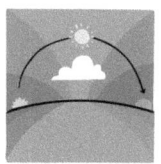

dag

天

tid

時間

nu

現在

digitalur

電子錶

minut

分

time

時

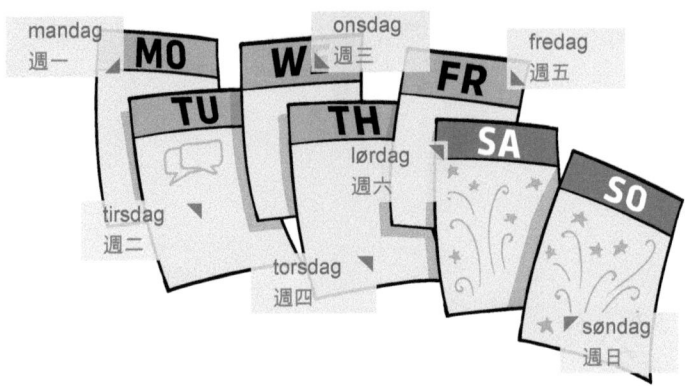

mandag 週一
onsdag 週三
fredag 週五
tirsdag 週二
torsdag 週四
lørdag 週六
søndag 週日

i går

昨天

i dag

今天

i morgen

明天

morgen

早晨

middag

中午

aften

晚上

MO	TU	WE	TH	FR	SA	SU
1	2	3	4	5	6	7
8	9	10	11	12	13	14
15	16	17	18	19	20	21
22	23	24	25	26	27	28
29	30	31	1	2	3	4

arbejdsdage

工作日

MO	TU	WE	TH	FR	SA	SU
1	2	3	4	5	6	7
8	9	10	11	12	13	14
15	16	17	18	19	20	21
22	23	24	25	26	27	28
29	30	31	1	2	3	4

weekend

週末

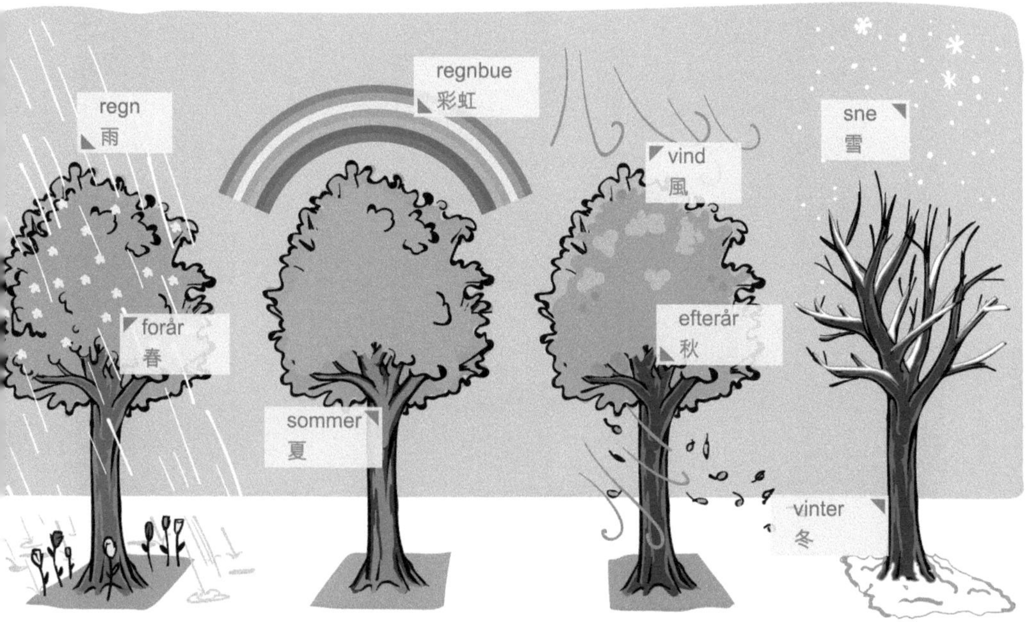

regn
雨

regnbue
彩虹

sne
雪

vind
風

forår
春

efterår
秋

sommer
夏

vinter
冬

vejrudsigt

天氣預告

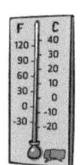

termometer

溫度計

solskin

陽光

sky

雲

tåge

霧

luftfugtighed

潮濕

lyn

閃電

torden

打雷

storm

風暴

hagl

冰雹

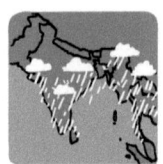

monsun

季風

flod

洪水

is

冰

januar

一月

februar

二月

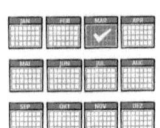

marts

三月

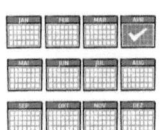

april

四月

maj

五月

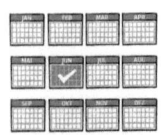

juni

六月

juli

七月

august

八月

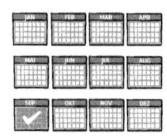

september

九月

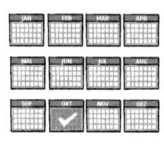

oktober

十月

november

十一月

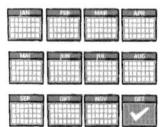

december

十二月

cirkel

圓形

kvadrat

正方形

firkant

長方形

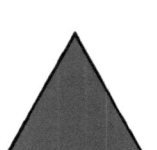

trekant

三角形

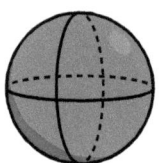

kugle

球體

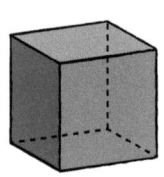

terning

立方體

hvid

白

gul

黃

orange

橙

pink

粉

rød

紅

lilla

紫

blå

藍

grøn

綠

brun

棕

grå

灰

sort

黑

meget / lidt

很多/少許

rasende / fredelig

生氣/平靜

smuk / grim

美/醜

begyndelse / slut

首/尾

stor / lille

大/小

lys / mørk

明/暗

bror / søster

兄弟/姐妹

ren / snavset

乾淨/骯髒

fuldkommen / ufuldkommen

完整/缺失

dag / nat

白天/晚上

død / levende

死/生

bred / smal

寬/窄

spiselig / uspiselig

可食用/非食用

vred / venlig

邪惡/善良

ophidset / kedet

興奮/無聊

tyk / tynd

胖/瘦

først / sidst

第一/最後

ven / fjende

朋友/敵人

fuld / tom

滿/空

hård / blød

硬/軟

tung / let

重/輕

sult / tørst

餓/渴

syg / rask

生病/健康

illegal / legal

非法/合法

intelligent / dum

聰明/愚笨

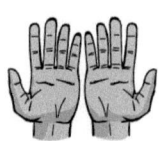

venstre / højre

左/右

nær / fjern

近/遠

ny / brugt

新/舊

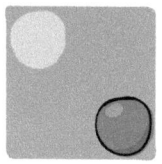

intet / noget

沒有/有些

gammel / ung

老/幼

tændt / slukket

開/關

åben / lukket

打開/闔上

stille / højt

安靜/吵鬧

rig / fattig

富/窮

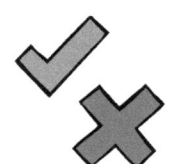

rigtig / forkert

對/錯

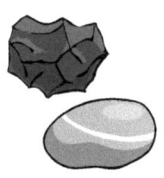

ru / glat

粗糙/光滑

ked af det / lykkelig

傷心/高興

kort / lang

短/長

langsom / hurtig

慢/快

våd / tør

濕/乾

varm / kold

溫暖/涼爽

krig / fred

戰爭/和平

0

nul

零

1

en

一

2

to

二

3

tre

三

4

fire

四

5

fem

五

6

seks

六

7

syv

七

8

otte

八

9

ni

九

10

ti

十

11

elleve

十一

12

tolv

十二

13

tretten

十三

14

fjorten

十四

15

femten

十五

16

seksten

十六

17

sytten

十七

18

atten

十八

19

nitten

十九

20

tyve

二十

100

hundrede

百

1.000

tusinde

千

1.000.000

million

百萬

engelsk

英語

amerikansk engelsk

美式英語

kinesisk mandarin

普通話

hindi

印地語

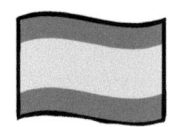

spansk

西班牙語

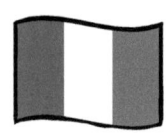

fransk

法語

arabisk

阿拉伯語

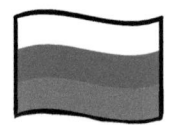

russisk

俄語

portugisisk

葡萄牙語

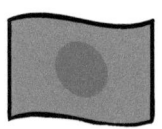

bengalsk

孟加拉語

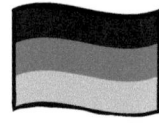

tysk

德語

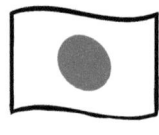

japansk

日語

jeg

我

du

你

han / hun / den / det

他/她/它

vi

我們

I

你們

de

他們

hvem?

誰？

hvad?

什麼？

hvordan?

如何？

hvor?

何處？

hvornár?

何時？

navn

名字

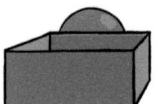

bag

後面

i

裡面

foran

前面

over

上方

på

上面

under

下麵

ved siden af

旁邊

imellem

中間

sted

地點